Pia Pedevilla

Kunterbuntes
Pappmaché
für kleine und große Kinder

Pia Pedevilla lebt in Bruneck (Südtirol). Sie studierte Kunst in Gröden und Werbegrafik in Urbino. Seit Jahren ist sie im Bereich der Illustration und des Designs für Kinder tätig, entwirft Holz- und Stoffspielzeug, didaktische Spiele für Kinder im Vorschulalter und Lichtobjekte. Viele Jahre hat sie an der Volksschule mit Kindern gebastelt und gemalt. Heute leitet sie Fortbildungskurse für Lehrer, interessierte Erwachsene und Kinder. Im frechverlag hat sie mehrere Bücher über verschiedene Arbeitstechniken veröffentlicht. Mehr erfahren Sie unter: www.piapedevilla.com

Fotos: frechverlag GmbH, 70499 Stuttgart;
Fotostudio Ullrich & Co., Renningen
(Seite 10/11, 14/15, 27, Titelseite)
Daniela Kofler, Foto-Rapid, Bruneck, Italien
(alle anderen Aufnahmen)

Dieses Buch enthält:
2 Vorlagenbogen

Materialangaben und Arbeitshinweise in diesem Buch wurden von der Autorin und den Mitarbeitern des Verlags sorgfältig geprüft. Eine Garantie wird jedoch nicht übernommen. Autorin und Verlag können für eventuell auftretende Fehler oder Schäden nicht haftbar gemacht werden. Das Werk und die darin gezeigten Modelle sind urheberrechtlich geschützt. Die Vervielfältigung und Verbreitung ist, außer für private, nicht kommerzielle Zwecke, untersagt und wird zivil- und strafrechtlich verfolgt. Dies gilt insbesondere für eine Verbreitung des Werkes durch Film, Funk und Fernsehen, Fotokopien oder Videoaufzeichnungen sowie für eine gewerbliche Nutzung der gezeigten Modelle.

Auflage: 5. 4. 3. 2. 1. | Letzte Zahlen
Jahr: 2007 2006 2005 2004 2003 | maßgebend

ISBN 3-7724-3126-7 · Best.-Nr. 3126

© 2003
frechverlag GmbH, 70499 Stuttgart
Druck: frechdruck GmbH, 70499 Stuttgart

Nehmen Sie einige Zeitungen, etwas Tapetenkleister und Recyclingmaterialien aus dem Haushalt, schon können Sie alleine oder zusammen mit Ihrem Kind beginnen, einzigartige Objekte aus **Pappmaché** herzustellen. Die Technik ist äußerst kreativ, entspannend für jedes Alter und lässt für phantasievolle Einfälle beim Arbeiten viel Raum.

Auf den folgenden Seiten zeige ich Ihnen, wie Sie nicht nur Dekoratives, sondern auch Nützliches wie Spardosen, Aufbewahrungsgläser, Kerzenständer und mehr selber machen können. Dabei sind Ideen für das ganze Jahr: Osterkörbchen, sommerlicher Schmuck und Schachteln, bunte Vögel und Weihnachtsbaumschmuck.

Wie vielfältig abwandelbar die im Buch vorgestellten Ideen sind, zeige ich Ihnen auf den Seiten 16 bis 19. Italienische Kinder haben mein Grundmodell einer Theaterfigur nach eigenen Vorstellungen umgesetzt. Herausgekommen sind 20 verschiedene Figuren, mit denen sich viele Theaterstücke vortragen lassen.

Ich wünsche Ihnen viel Spaß beim Gestalten mit **Pappmaché.**

Ihre

Material und Hilfsmittel

- Zeitungspapier
- Tapetenkleister
- Holzleim
- Kraftkleber, z.B. UHU Kraft
- Heißklebepistole
- Toilettenpapier
- Tonkarton
- Transparent- oder Kohlepapier
- Wellpappe
- Plaka- oder Acrylfarben
- Haar- und Borstenpinsel
- Wasserglas und Mischunterlage (z. B. Plastikteller)
- Styroporkugeln und -eier
- Zweiteilige Plastikkugeln
- Wattekugeln
- Bleistift
- Roter Buntstift
- Wasserfester roter, weißer und schwarzer Lackstift
- Schere
- Cutter mit Schneideunterlage
- Wattestäbchen
- Zahnstocher
- Weiße Kordel zum Aufhängen
- Feines Schmirgelpapier
- Dünner Faden

Papier- und Pappmaché

Schnell und preiswert kaschieren

Die Kaschier- wird auch Schichttechnik genannt. Hierbei wird eine Grundform mit Zeitungspapierschnipseln mithilfe von Tapetenkleister in mehreren Lagen überklebt (siehe Seite 6).
Die meisten Objekte in diesem Buch sind mit der Kaschiertechnik gefertigt. Das Kaschieren ist sehr einfach, für Kinder jeden Alters geeignet und sehr beliebt, weil es preiswert ist. Beim Kaschieren werden Wegwerfmaterialien aus dem Haushalt verwendet.

Mit Pappmaché formen

Pappmaché ist ein Brei, der sich wie Ton oder Modelliermasse verarbeiten lässt (siehe Seite 7). Aus Pappmaché wird in diesem Buch Christbaumschmuck (Seite 30/31) gefertigt, bei anderen Modellen wie Sonne, Mond und Sterne (Seite 14/15) sind beide Techniken kombiniert.
Wie Sie Pappmaché selber herstellen können, erfahren Sie auf Seite 32. Sie können aber auch ein Pappmaché-Pulver im Fachhandel kaufen, das einfach mit Wasser angerührt wird.

Die wichtigsten Materialien

- **Zeitungspapier** wird klein gerissen und zum Kaschieren, zum Anfertigen von Formen (z.B. Kugeln, siehe Seite 6) und für den Pappmaché-Brei (siehe Seite 32) verwendet.
- **Tapetenkleister** setzen Sie nach den Herstellerangaben an und lassen ihn quellen. Beim Kaschieren kleben Sie damit die klein gerissenen Zeitungspapierstücke auf die Grundform.
  Beim Pappmaché (siehe Seite 32) wird er zusammen mit Holzleim zum Abbinden der Masse eingesetzt.
- **Styroporformen und Wattekugeln** benötigen Sie zum Konstruieren der Figuren. Sie können kleine Kugeln auch selber machen, indem Sie Zeitungspapier zu kleinen Kugeln knüllen und mit einem dünnen Faden umwickeln (siehe unten und Seite 6).
- **Diverse Recyclingmaterialien** verwenden Sie zum Formen der Grundform. Die verschiedenen Formen werden mit Kraftkleber oder Heißkleber zusammengeklebt. Eine Heißklebepistole gehört aber keinesfalls in Kinderhände.
- **Tonkarton** benötigen Sie zum Herstellen von Schablonen für die Pappmaché-Technik. Durch die Schablonen können Sie meine Figuren ohne Mühe nacharbeiten.
- **Plaka- oder Acrylfarbe** wird zum Bemalen der Objekte verwendet. Sie hat den Vorteil, dass Sie brillant ist, mit Wasser verdünnt werden kann und nach dem Trocknen wasserfest ist. So müssen die Objekte nicht mehr lackiert werden.
- Zum Malen verwenden Sie unterschiedlich starke **Pinsel**. Für Punkte habe ich **Wattestäbchen** benutzt.

Recyclingmaterialien

- Dicke Pappe, z. B. von Schuhkartons
- Kleine Schachteln
- Eierpappen
- Joghurtbecher
- Pappteller
- Gläser mit Schraubverschluss
- Toilettenpapier, Toilettenpapierrolle

Die genauen Materialangaben finden Sie bei den einzelnen Objekten. Hilfsmittel, Klebstoff und die aufgeführten Stifte werden dort nicht gesondert erwähnt.

Kaschiertechnik leicht gemacht

1. Die einzelnen Teile, z.B. Styroporei, Eierpappe, aus einer Toilettenpapierrolle ausgeschnittene Tonkartonohren und das Schwänzchen aus geknülltem, mit einem dünnen weißen Faden umwickelten Zeitungspapier, werden zuerst mit Kraft- oder Heißkleber zusammengefügt. Bei der Positionierung der Einzelteile hilft der Vorlagenbogen.

2. Zerreißen Sie nun das Zeitungspapier in kleine Stücke (ca. 4 cm x 4 cm). Streichen Sie die zusammengeklebte Grundform dick mit Tapetenkleister ein und kleben Sie die Zeitungspapierschnipsel nass auf nass in drei bis vier Lagen darauf. Sie müssen sich dabei immer überlappen. Streichen Sie die einzelnen Schnipsel mit den Fingern glatt und lassen Sie die Figur trocknen.

3. Nach dem Trocknen grundieren Sie Ihr Werkstück mit Acryl- oder Plakafarbe in Weiß. Tragen Sie die Farbe dick genug auf, um die Schrift und Fotos der Zeitungspapierschnipsel zu überdecken. Lassen Sie die Farbe trocknen.

4. Nach dem Trocknen der Grundfarbe bemalen Sie die Figur mithilfe eines Pinsels und bunten Acryl- oder Plakafarben. Kleine Punkte, z.B. die Pupillen, setzen Sie mit einem Wattestäbchen, die Lichtpunkte in den Augen mit dem Pinselstiel. Die Wangen röten Sie mit Acrylfarbe oder Buntstift. Schaben Sie mit einem Messer oder einem Bleistiftanspitzer etwas Farbe von der Stiftspitze und verreiben Sie diese auf den Wangen.
Manchmal, z.B. bei Sonne, Mond und Sterne, habe ich in die noch feuchte Grundfarbe mit einem dunkleren Farbton Schattierungen gesetzt.

Mit Pappmaché gestalten

1. Übertragen Sie die gewünschte Form mit Kohlepapier auf Tonkarton und schneiden Sie sie aus. Weitere Teile, wie die Teelichthülle, werden aufgeklebt.

2. Überziehen Sie die ausgeschnittene Grundform mit der Pappmachémasse und modellieren Sie sie. Im Fachhandel erhalten Sie ein Pappmaché-Pulver, dass Sie laut Herstellerangaben mit Wasser anrühren. Diese Paste ist sehr geschmeidig und lässt sich gut mit den Händen verarbeiten.
Reliefmuster können Sie auch mit aufgerolltem Toilettenpapierstücken arbeiten. Befeuchten Sie diese gut mit Tapetenkleister und modellieren Sie sie auf die Grundform.

3. Etwaige Kanten bearbeiten Sie am getrockneten Objekt mit feinem Schmirgelpapier. Grundieren Sie das Objekt vor dem Bemalen in Weiß.

4. Nach dem Trocknen der Grundierung bemalen Sie das Werkstück mit Acryl- oder Plakafarben.

Tipp

Sie können Pappmaché mit haushaltsüblichen Hilfsmitteln aus Zeitungspapier, Holzleim sowie Tapetenkleister auch selber herstellen. Das Rezept dafür finden Sie auf Seite 32.

Osterzeit!

Osternest, Eierkorb
Technik: Kaschieren

● Osterhuhn

1. Übertragen Sie die Vorlage für den Schnabel und den Kamm auf Tonkarton und schneiden Sie die Teile aus. Der Lappen wird doppelt aus Filz bearbeitet.

2. Schneiden Sie mit einem Cutter senkrecht in die Styroporkugel tiefe Schlitze für die zugeschnittenen Tonkartonteile ein und stecken Sie diese ein.

3. Zum Fixieren des Kopfes auf der Schale schneiden Sie unten in die Styroporkugel einen Schlitz ein und fixieren den Kopf mithilfe von Heißkleber auf der Schale.

4. Kaschieren Sie nun das Huhn mit mindestens drei Lagen klein gerissenen Zeitungspapierschnipseln. Beziehen Sie dabei die Tonkartonteile mit ein und fixieren Sie mit überlappenden Zeitungspapierschnipsel die Einzelteile zusätzlich auf dem Kopf und Körper. Lassen Sie das Objekt gut trocknen.

5. Bemalen Sie die Grundform mit weißer Acrylfarbe und lassen Sie sie gut trocknen.

Material Osterhuhn
- Styroporkugel, ø 7 cm
- Zeitungspapier und Tapetenkleister
- Tonkartonrest: weiß
- Pappschüssel, ø 14 cm
- 5 Federn: weiß
- Acrylfarbe: weiß, rot, gelb, hellblau, schwarz
- Filzrest: rot

Vorlagenbogen 1A

6. Nun bemalen Sie das Huhn mit den anderen Farben. Für die Wangen verwenden Sie einen Buntstift (siehe Seite 6).

7. Nach dem Trocknen der Acrylfarbe kleben Sie die Federn sowie die Filzlappen mit Heißkleber auf.

Osterhase
Die Anleitung für den Hasen finden Sie in der Schritt-für-Schritt-Beschreibung auf Seite 6.
Für die Schnauzbarthaare kleben Sie einige Haare einer alten Bürste auf.

Material Osterhase
- Sechser-Eierkarton ohne Deckel
- Zeitungspapier und Tapetenkleister
- Styroporei, 8 cm hoch
- Toilettenpapierrolle
- Dünner Faden: weiß
- Acrylfarbe: braun, weiß, schwarz, grün, rot, rosa
- Haare einer alten Bürste (Schnauzer)

Vorlagenbogen 1A

Fisch und Monster

Hampelfiguren
Technik: Kaschieren und Pappmaché

1. Übertragen Sie die Flossen und den Schwanz des Fisches sowie die Stacheln und Füße des Monsters auf Tonkarton und schneiden Sie sie zu. Der Mund des Fisches ist ein Wellpappering (siehe Vorlagenbogen).

2. Schneiden Sie mit einem Cutter Schlitze für die Flossen beim Fisch und die Stacheln beim Monster in die Styroporkugel ein. Stecken Sie die mit Kraftkleber bestrichenen Tonkartonteile ein. Der Mund des Fisches wird aufgeklebt.

3. Kaschieren Sie die Grundformen mit Zeitungspapierschnipseln.

4. Die Augen sowie die Augenbrauen beim Fisch und der Mund und die Füße beim Monster sind aus Pappmaché modelliert. Setzen Sie sie auf und lassen Sie die Figuren gut trocknen.

5. Grundieren Sie die Figuren dann in Weiß und bemalen Sie sie nach dem Trocknen der Grundfarbe gemäß der Abbildung. Lassen Sie die Farbe abermals gut trocknen und kleben Sie erst dann die Wackelaugen auf.

6. Die Zugfeder befestigen Sie, indem Sie mit einem Bleistift ein Loch in die Oberseite des Objektes stechen und dort hinein die Feder mit Kraftkleber fixieren. Ebenso bringen Sie die Beine des Monsters an. Der Chenilledraht wird zuvor hinter die Füße geklebt und um den Finger herum gebogen.

Material Fisch
- Styroporkugel, ø 10 cm
- Tonkartonrest: weiß
- Zeitungspapier und Tapetenkleister
- Pappmachémasse
- 2 Wackelaugen, ø 1 cm
- Acrylfarbe: gelb, weiß, hellgrün, hellblau, blau, rot, rosa
- Zugfeder, 20 cm lang

Vorlagenbogen 1A

Material Monster
- Styroporkugel, ø 10 cm
- Tonkartonrest: weiß
- Zeitungspapier und Tapetenkleister
- Pappmachémasse
- Chenilledraht, 3 x 20 cm lang: gelb
- 2 Wackelaugen, ø 1 cm
- Acrylfarbe: gelb, weiß, hellgrün, hellblau, violett, rot, blau
- Zugfeder, 20 cm lang

Vorlagenbogen 1A

Schweinchenallerlei

Spardose, Glasdeckel
Technik: Kaschieren

1. Beim großen Schwein kleben Sie die Styroporkugel mit Heißkleber auf den Glasdeckel und fixieren darauf die Nase (Eierpappe) und die Ohren (zugeschnittene Eierpappestücken). Beim kleinen Schwein kleben Sie Ohren und Nase direkt auf den Deckel.

2. Das Glas dient jeweils als Körper. Beim großen Schwein kleben Sie die Beine aus Eierpappe auf.

3. Nun kaschieren Sie die Werkstücke. Beim großen Schwein müssen Sie vor allem zwischen Kopf und Glasdeckel (Hals) dick kaschieren, damit Sie den Deckel später abdrehen können ohne ihn abzureißen. Den Deckel nur außen kaschieren, der Schraubverschluss muss sauber bleiben. Auch beim Glas den Schraubverschluss aussparen. Ebenso verfahren Sie beim kleinen Schweinekopf.

4. Nach dem Trocknen grundieren Sie die Schweine in Weiß. Lassen Sie die Grundierung gut trocknen.

5. Bemalen Sie die Schweinchen gemäß der Abbildung. Für die Schattierungen setzen Sie die pinkfarbene in die noch feuchte rosa Farbe.

6. Die Wangen bemalen sie mit einem Buntstift (siehe Seite 6), den Mund mit einem roten, wasserfesten Filzstift. Für die Augen des Schweins knüllen Sie etwas Papier, umwickeln es mit einem Faden (siehe Seite 6) und bemalen es mit schwarzer Farbe. Nach dem Trocknen werden die Augen aufgeklebt. Die Schwänze sind mit Heißkleber fixiert, die Schleife wird umgebunden.

7. Für die Maus knüllen Sie Zeitungspapier in Form (siehe Vorlagenbogen) und umwickeln es mit einem dünnen weißen Faden. Dann kleben Sie die Tonkartonohren auf und kaschieren den Körper. Lassen Sie das Tier trocknen und grundieren und bemalen Sie es wie beim Schwein beschrieben.

Material
- Glas mit Schraubverschluss, ø 7 cm, 14 cm hoch
- Styroporkugel, ø 10 cm
- Eierpappe
- Tonkartonrest: weiß
- Zeitungspapier und Tapetenkleister
- Acrylfarbe: rosa, pink, schwarz, blau, weiß
- Chenilledraht, 15 cm lang: blau; 30 cm lang: rosa

Vorlagenbogen 1A

12

Sonne, Mond und Sterne

Fensterbilder
Technik: Kaschieren und Pappmaché

1. Übertragen Sie die Vorlagen mit Kohlepapier auf feste Pappe und schneiden Sie sie aus.

2. Für die Sonne halbieren Sie die Styroporkugel mithilfe eines Cutters oder eines Messers. Das sollten keinesfalls Kinder alleine machen. Dann verbinden Sie eine Styroporkugelhälfte und die ausgeschnittene Grundform mit Kraft- oder Heißkleber. Kaschieren Sie den Körper und modellieren Sie die Strahlen der Sonne etwas. Formen Sie auch Nase und Locke aus Pappmaché. Ebenso verfahren Sie bei Mond und Sternen. Die Augen, die Nase und die Augenbraue des Mondes formen Sie aus Pappmachémasse. Überziehen Sie die jeweiligen Formen mit Pappmachémasse.

3. Lassen Sie die Figuren zwei Tage trocknen. Dabei kann eine leichte Verflachung der Form auftreten, die aber normal ist.

4. Grundieren Sie die Grundformen nun in Weiß und bemalen Sie sie nach dem Trocknen gemäß der Abbildung. Für die sanften Übergänge zwischen den Gelb- und Orangetönen geben Sie den dunkleren Farbton bereits in die noch feuchte gelbe Farbe und verwischen ihn etwas.

5. Die Münder malen Sie mit einem wasserfesten roten Stift auf.

6. Fixieren Sie auf der Rückseite der jeweiligen Figur einen Faden zum Aufhängen. Mond und Sterne verbinden Sie mithilfe von Heißkleber mit einem um einen Bleistift spiralförmig gebogenen rot bemalten Draht.

Material
- Dicke Pappe, A3
- Styroporkugel, ø 10 cm (Sonne)
- Pappmachémasse
- Zeitungspapier und Tapetenkleister
- Acrylfarbe: gelb, orange, rot, weiß, schwarz, braun
- Aludraht, ø 1 mm, 15 cm lang
- Faden zum Aufhängen, je ca. 50 cm lang

Vorlagenbogen 1B

Kasperletheater

Theaterpuppen, Stiftehalter
Technik: Kaschieren und Pappmaché

(siehe auch Seite 19)

Die Figuren haben elfjährige Kinder der Mittelschule St. Martin in Thurn (Südtirol) auf Grundlage eines von mir entworfenen Clowns (siehe Seite 18) gestaltet.

1. Die Grundform aller Figuren ist gleich, für die genaue Ausführung können Sie sich von den Abbildungen inspirieren lassen. Schneiden Sie den Halsstreifen (8,5 cm x 6 cm) zu und kleben Sie ihn zur Rolle (ø ca. 2 cm) zusammen. Mit der Spitze der Schere schaben Sie ein Loch im Durchmesser der Papprolle aus der Styroporkugel und fixieren sie darin mit Heißkleber.

2. Auch die Hände aus Tonkarton werden kaschiert. Kaschieren Sie den Kopf sowie den Hals der Figur dann mit Zeitungspapier und Tapetenkleister in mindestens drei Schichten. Mit Pappmaché gestalten Sie die Nasen, die Augen und die Augenbrauen und setzen sie auf den Kopf.

3. Grundieren Sie den Kopf in Weiß und lassen Sie die Grundierung gut trocknen.

4. Gestalten Sie den Kopf der Figur nach Ihren Vorstellungen mit bunten Acrylfarben. Die Wangen können Sie nach dem Trocknen mit Buntstift röten (siehe Seite 6).

5. Während die Farbe trocknet, können Sie das Kleid der Figur nähen. Schneiden Sie die Vorlage doppelt zu und nähen Sie die Teile an den Rändern zusammen. Vorne wird zusätzlich eine Tasche aufgenäht und mit einem Knopf in der Mitte am Kleid fixiert.
Außerdem schneiden Sie die Halskrause zu und ziehen am oberen Rand einen Heftfaden ein.

6. Kleben Sie den Kopf der Figur in die Öffnung des Kleides. Darum herum wird die Halskrause fixiert, die Sie dann am Heftfaden zusammenziehen. Verknoten Sie den Faden und schneiden Sie ihn ab. Fixieren Sie einen schmalen Kragenstreifen (ca. 1,5 cm x 18 cm) über der Heftnaht.

Material pro Figur
- Styroporkugel, ø 8 cm
- 2 Platten Filz in beliebiger Farbe, A4
- Zeitungspapier und Tapetenkleister
- Pappmachémasse
- Evtl. Flasche, ca. 27 cm hoch (½ Liter)
- Außerdem je nach Figur diverse Tonkarton-, Wellpappe und Filzreste, Acrylfarben, Wattekugeln, Pompons (ø 2 cm), Knöpfe, Woll- oder Sisalreste, Chenilledraht, Metallglöckchen, Nähgarn und Nadel

Vorlagenbogen 2A

7. In die Armöffnungen kleben Sie die Hände. Für den Hut fixieren Sie mit einem Klebestift Filz auf Tonkarton und schneiden ihn zu. Das Zusammenkleben der spitztütenförmigen Hüte erfolgt mit Heißkleber, dieser gehört aber auf keinen Fall in Kinderhände.
Die Kinder haben auch andere Kopfbedeckungen entworfen. Lassen auch Sie Ihrer Phantasie freien Lauf.

8. Für ein Theaterspiel werden die Figuren mit der Hand bewegt. Als Stiftehalter setzen Sie sie auf Flaschenhälse.

Bärchen und Herzen

Geschenk- oder Aufbewahrungsgläser
Technik: Kaschieren

Material
- Glas mit Schraubverschluss, ca. 14 cm hoch (großer Bär), 10 cm hoch (kleiner Bär)
- Zeitungspapier und Tapetenkleister
- 2 Sechser-Eierkartons
- Packpapier: braun
- je 2 Knöpfe, ø 1,5 cm und ø 1 cm: schwarz
- Schleifenband, 5 cm breit, 60 cm lang: rot
- Kariertes Schleifenband, 3 cm breit, 50 cm lang: rot-weiß

Vorlagenbogen 1B

1. Für die Bärchengläser bekleben Sie jedes Glas mit vier Eierpappestücken. Kaschieren Sie die Gläser dann mit sehr klein gerissenen Packpapierstücken (sie lassen sich schlechter verarbeiten als Zeitungspapier), lassen Sie aber den Schraubverschluss unbearbeitet.

2. Für die Bärchenköpfe umwickeln Sie Zeitungspapierkugeln mit Nähfaden und kleben sie auf den Deckel.

3. Für die Nase und die Ohren kleben Sie mit Heißkleber zurechtgeschnittene Eierpappestücke auf. Passen Sie die Teile ggf. in der Größe an.

4. Nun kaschieren Sie die Köpfe mit sehr klein gerissenen Packpapierstücken und lassen alles gut trocknen.

5. Die Wangen sowie die Innenohren bemalen Sie mit einem Bunstift (siehe Seite 6). Der Mund wird mit einem wasserfesten Filzstift aufgemalt. Für die Augen kleben Sie Knöpfe auf und setzen mit einem weißen Lackstift Lichtpunkte ein. Zuletzt erhält jedes Bärchen ein Band als Halstuch.

Tipp
Zu den kleinen Bärchen können Sie auch Herzchen-Teelichthalter oder Memoklammern mit Pappmaché gestalten. Beachten Sie dazu die allgemeine Anleitung auf Seite 7.

Schöner wohnen

Schachteln, Teller, Bilder- und Spiegelrahmen

Technik: Kaschieren und Pappmaché

(siehe auch Seite 2 und Seite 32)

1. Fertigen Sie für den Rahmen die Grundform aus festem Karton (siehe Vorlagenbogen) und kaschieren Sie sie mit Zeitungspapier. Auch die Deckel der Pappschachteln (siehe auch Seite 32) und der Teller werden zuerst kaschiert.

2. Den Rand beim Rahmen sowie die wellenförmigen Verzierungen bei den Pappschachteln modellieren Sie aus Toilettenpapierröllchen und Tapetenkleister (siehe Seite 7).

3. Für den Fisch sowie Herz und Schmetterling (siehe Seite 32) schneiden Sie die Grundform aus Tonkarton zu und gestalten sie mit Pappmachémasse (siehe Seite 7). Für die Blüten formen Sie kleine Pappmachékugeln und setzen diese auf den Rahmen. Als Blütenmitte drücken Sie mithilfe einer Filzstiftkappe einen Ring ein.
Die Blütenblätter formen Sie ebenso, für das Eindrücken der Blattader verwenden Sie einen Zahnstocher.
Die Fischaugen werden aus kleinen Pappmachékugeln aufgesetzt, die Flosse erhaben herausgearbeitet und Vertiefungen mit einem Zahnstocher eingedrückt.
Beim Schmetterling (siehe Seite 32) formen Sie die Fühler aus Pappmachémasse, für die Fühlerenden setzen Sie kleine Pappmachékugeln auf.
Für das aufrecht stehende Herz (siehe Seite 32) schneiden Sie einen Schlitz in den Schachteldeckel und kleben die Lasche darin fest. Die Füße aus Wattekugeln werden aufgeklebt und bemalt.

4. Lassen Sie das Objekt gut trocknen. Grundieren Sie Ihr Werkstück (siehe Seite 6) und bemalen Sie es nach dem Trocknen der Grundierung in vielen bunten Farben.

5. Hinter den Rahmen fixieren Sie mit Kraftkleber den Spiegel, alternativ können Sie den Rahmen auch als Bilderrahmen verwenden (siehe Seite 2). Die Haarspange wird mithilfe von Heißkleber mit der Blume beklebt

Material

- Kleine Schachteln, ca. 14 cm x 14 cm, 6 cm hoch
- Pappteller, ø 18 cm
- Feste Pappe, 18 cm x 18 cm
- Spiegel, 12 cm x 12 cm
- Zeitungspapier und Tapetenkleister
- Toilettenpapierrolle
- Pappmachémasse
- 4 Wattekugeln, ø 2,5 cm
- Acrylfarbe: rot, hellblau, blau, hellgrün, grün, rosa, gelb, violett, weiß, schwarz
- Haarspange

Vorlagenbogen 2A

Witzige Rasseln

Musikinstrumente
Technik: Kaschieren

1. Das Anfertigen der unterschiedlichen Rasseln erfolgt auf die gleiche Art und Weise. Befüllen Sie die jeweilige Grundform (Plastikkugel oder Jogurtbecher) mit Reis, Sand, kleinen Kieseln o.Ä. Je nach Material erhalten Sie unterschiedliche Klänge beim späteren Musizieren. Schließen Sie die Grundformen wieder, beim Jogurtbecher kleben Sie einen Tonkartondeckel oder einen zweiten Becher mit Heißkleber auf. Dieser gehört aber keinesfalls n Kinderhände.

2. Den Griff der Rassel formen Sie aus Wellpappe (12 cm hoch x 24 cm lang). Dafür rollen Sie diese fingerdick und kleben sie zusammen. Achten Sie auf einen senkrechten Rillenverlauf der Wellpappe.

3. Mit Heißkleber wird der Wellpappegriff am Rasselkopf befestigt. Beim Frosch kleben Sie ebenso die Krone aus Tonkarton auf. Lassen Sie alles gut trocknen, bevor Sie weiterarbeiten.

4. Nun kaschieren Sie jedes Musikinstrument mit mindestens drei Schichten Zeitungspapier. Damit die Kugel (bzw. Hörner und Krone darauf) gut auf dem Griff hält, kleben Sie das Zeitungspapier hier überlappend und in vier bis fünf Schichten auf.

5. Augen und Nase modellieren Sie aus mit Tapetenkleister durchweichtem Toilettenpapier und setzen sie auf.

6. Nach dem Trocknen grundieren Sie Ihr Werkstück in Weiß. Lassen Sie die Farbe gut trocknen.

7. Bemalen Sie Ihre Rassel zuerst in den Grundfarben: z.B. die Froschkrone gelb, den Kopf grün und den Stiel blau. Lassen Sie die Farben gut trocknen und setzen Sie dann die Verzierungen, wie Punkte und Linien auf. Linien malen Sie mit einem Pinsel, Punkte können Sie mit einem Wattestäbchen aufsetzen. Lassen Sie die Farben gut trocknen.

Material
- 3 zweiteilige Plastikkugeln, ø 6 cm bis ø 8 cm
- 1 Bogen Wellpappe
- Tonkartonrest
- Toilettenpapier
- Zeitungspapier und Tapetenkleister
- 3 Jogurtbecher
- Reis, Sand, kleine Kiesel o.Ä.
- Acrylfarbe: gelb, rot, hellgrün, weiß, blau, hellblau, rosa, schwarz, pink
- Metallglöckchen, ø 1,5 cm: weiß

Vorlagenbogen 2B

Schmetterling und Raupe

Hängefigur, Blumenstecker
Technik: Kaschieren

Material Schmetterling
- Styroporkugel, ø 6 cm
- 2 Wattekugeln, ø 2 cm
- Toilettenpapierrolle
- Tonkarton, A4: weiß
- Zeitungspapier und Tapetenkleister
- Aludraht, ø 2 mm, 2 x 15 cm lang
- Seidenpapierrest: grün
- Acrylfarbe: gelb, rot, schwarz, weiß, hellblau, hellgrün, rosa, violett

Vorlagenbogen

Schmetterling
1. Befüllen Sie die Papprolle mit Zeitungspapier und stecken Sie unten als Stachel einen Zahnstocher ein.

2. Übertragen Sie die Flügel auf Tonkarton und schneiden Sie sie aus. Ritzen Sie mit einer Zirkelspitze an einem Lineal die Faltkanten an der Klebefläche vor und fixieren Sie die Flügel mit Heißkleber an der Papprolle.

3. Kaschieren Sie den Schmetterlingskörper mit Zeitungspapierstücken (siehe Seite 6). Verdecken Sie damit auch die Klebenähte gut.

4. Die Nase formen Sie aus Toilettenpapier und Tapetenkleister und setzen sie auf.

5. Lassen Sie den Schmetterling gut trocknen und grundieren Sie ihn in Weiß.

6. Bemalen Sie ihn in den Grundfarben gelb und rosa. Lassen Sie die Farbe gut trocknen und setzen Sie dann die Verzierungen auf. Für die Pünktchen verwenden Sie ein Wattestäbchen, für die Lichtpunkte in den Augen den Pinselstiel. Bemalen Sie auch die Wattekugeln in Rot und den Draht in Gelb.

7. Der Draht für die Fühler wird vor dem Fixieren über einem Bleistift spiralförmig gebogen und die Enden dann mit Kraftkleber bestrichen und in der Styropor- und Wattekugel fixiert.

8. Kleben Sie den Kopf zusammen mit der ziehharmonikaartig gefalteten Halskrause (14,5 cm x 3,2 cm) mit Heißkleber auf den Körper.

Die Beschreibung für die Raupe finden Sie auf Seite 28.

Material Raupe
- Styroporkugeln, 1 x ø 6 cm, 5 x ø 5 cm
- 2 Wattekugeln, ø 2 cm
- Zeitungspapier und Tapetenkleister
- Aludraht, ø 2 mm, 2 x 10 cm lang
- Acrylfarbe: rot, schwarz, weiß, blau, hellgrün
- Schaschlikstäbchen

Vorlagenbogen 2B

Raupe

(Abbildung auf Seite 27)
Die Raupe arbeiten Sie ebenso wie den Schmetterling.
Verbinden Sie die Styroporkugeln mit Heißkleber. Für den Kopf verwenden Sie die große Kugel. Dann kaschieren Sie das Tier mit Zeitungspapier, lassen es gut trocknen und grundieren und bemalen es. Auf einem mit Heißkleber angebrachten Schaschlikstab stecken Sie die Raupe in eine Pflanze.

Rabe und Tukan

Schreibtischutensilienhalter
Technik: Kaschieren und Pappmaché

1. Kleben Sie die zwei Schnabelteile aus Tonkarton zusammen und fixieren Sie sie an den beiden entgegengesetzt geknickten Klebeflächen am Körper.

2. Kleben Sie beim Tukan die Styroporkugel in die Papprolle ein. Mit einem Cutter schneiden Sie oben in die Kugel einen Schlitz ein, in den Sie den Kamm stecken.

3. Für die Augen formen Sie kleine Kugeln aus Pappmaché (siehe Seite 7) und setzen sie auf.

4. Kaschieren Sie die Vögel sowie den Tortenpappboden mit mehreren Schichten Zeitungspapier. Den Rand des Bodens modellieren Sie aus Pappmachémasse. Lassen Sie die Vögel gut trocknen.

5. Grundieren Sie die Teile in Weiß und lassen die Farbe trocknen, bevor Sie die Tiere und den Untersetzer gemäß der Abbildung bemalen.

6. Nach dem Trocknen der Bemalung kleben Sie die Federn auf.

7. Fixieren Sie den Tukan mit Heißkleber auf dem Tortenboden.

Material je Tier

- Toilettenpapierrolle
- Zeitungspapier und Tapetenkleister
- Pappmachémasse
- Styroporkugel, ø 5 cm (nur Tukan)
- Tortenuntersetzer aus Pappe, ø 20 cm
- Marabufedern: 4 x schwarz (Rabe), je 2 x orange, pink (Tukan)
- Tonkarton, A5
- Acrylfarbe: weiß, schwarz, gelb, orange sowie zusätzlich für den Tukan: blau, hellblau, violett, rot

Vorlagenbogen 2B

29

Weihnachtsmann und Schneemann

Christbaumschmuck, Schachtel
Technik: Pappmaché

1. Übertragen Sie die Grundformen der Motive mithilfe von Kohlepapier auf Tonkarton und schneiden Sie die Formen aus.

2. Verteilen Sie auf der Kartonform die Pappmachémasse und modellieren Sie die Figuren gemäß der Abbildung. Beim Schneemann setzen Sie die Nase aus einem Pappmachékegel und die Hutkrempe aus einer -rolle auf. Für den Weihnachtsmann formen Sie den spitz zulaufenden Bart und eine kleine Kugel als Nase.

3. Lassen Sie die Figuren gut trocknen und grundieren Sie sie dann in Weiß.

4. Nach dem Trocknen der Grundierung bemalen Sie die weihnachtlichen Gesellen. Die Augen und die Münder sind mit wasserfesten Stiften aufgesetzt.

5. Für den Weihnachtsmann schneiden Sie einen kleinen Filzschal (siehe Vorlagenbogen) zu. An beiden Enden schneiden Sie Fransen ein, bevor Sie den Schal um den Hals knoten.

6. Bei der Schachtel modellieren Sie den Schneemann mit dem Schneeboden wie oben beschrieben. Den Zweig stecken Sie in die noch feuchte Pappmachémasse ein. Lassen Sie den Schneemann trocknen, bemalen Sie ihn und setzen Sie ihn auf die Schachtel auf. Die Schneeflocken tupfen Sie mit einem Pinselrücken auf.

Material
- fester Tonkarton, A4: weiß
- kleine Pappschachtel, ca. 15 cm x 11 cm
- Pappmachémasse
- Filzrest: rot
- kleiner Zweig
- Acrylfarbe: weiß, hellblau, rot, haut, schwarz, rosa, violett

Vorlagenbogen 2B

Material

- 8 bis 10 Bögen Zeitungspapier
- Eimer mit heißem Wasser
- Pürierstab
- Sieb oder Geschirrtuch
- Schüssel
- je 3 Esslöffel Holzleim und Tapetenkleisterpulver

Tipp

Die Pappmachémasse können Sie in Nylonsäckchen gefüllt aufbewahren.

Pappmaché selber machen

Für die Pappmachémasse gibt es ganz unterschiedliche Rezepte. Das ist das einfachste Rezept:

1. Zerreißen Sie das Zeitungspapier in kleine Stücke und geben Sie es in einen Eimer mit viel heißem Wasser. Lassen Sie das Papier mindestens eine halbe Stunde quellen, bevor Sie es mit einem Mixstab zu einem dünnflüssigen Brei verarbeiten.

2. Geben Sie den Brei nun durch ein Sieb in eine Schüssel und kneten Sie ihn mit den Händen noch einmal sanft durch. Noch besser geht es, wenn Sie den nassen Brei auf ein trockenes Geschirrhandtuch gießen, damit umwickeln und die überschüssige Flüssigkeit durch den Stoff drücken.

3. Unter die Masse je drei Esslöffel Holzleim und Tapetenkleister rühren und das Ganze wieder gut durchkneten. Fertig!

4. Objekte, die mit Pappmaché gearbeitet werden, müssen ca. ein bis zwei Tage durchtrocknen, bevor Sie sie bemalen und gestalten können.